Originalausgabe
1. Auflage 2024
© Atrium Verlag AG, Imprint WooW Books, Zürich 2024
Alle Rechte vorbehalten
© Text: Jessica Liedtke
© Illustrationen: Christiane Fürtges
Coverdesign: Niklas Schütte
Satz: Sabine Conrad, Bad Nauheim
Druck und Bindung: Print Best, Viljandi, Estland
ISBN 978-3-03967-026-0

www.woow-books.de

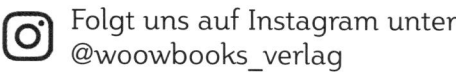

Folgt uns auf Instagram unter
@woowbooks_verlag

Jessica Liedtke

Tierische Helden

Nach WAHREN Geschichten!

Wie Papagei ALEX zum schlausten Vogel der Welt wurde

Nach einer wahren Begebenheit

Illustriert von Christiane Fürtges

Für meine Eltern

Was du wissen solltest, bevor wir beginnen:

Diese Geschichte spielt in den USA. Zu einer Zeit, als viele Tierforscherinnen und Tierforscher sich heftig stritten. Wie intelligent sind eigentlich Tiere? Das wollten sie herausfinden. Einige glaubten, Tiere seien wie hirnlose Roboter. Nein, behaupteten die anderen. Tiere benutzen auch ihren Verstand. Um ihre Ansichten zu beweisen, arbeiteten manche Wissenschaftlerinnen und Wissenschaftler mit Schimpansen oder auch Delfinen zusammen. Aber niemand arbeitete mit Papageien. Wozu auch?, dachten die meisten schulterzuckend. Vögel haben schließlich nur ein Hirn, so groß wie eine Nuss. Wie schlau können die schon sein?

Sehr schlau, wie sich noch herausstellen sollte.

Im Sommer 1977, in einer riesigen Zoohandlung in Chicago, beginnt dieses Abenteuer.

Nicht alles ist genau so geschehen, wie es hier geschrieben steht. Und trotzdem ist dies eine wahre Geschichte.

Das Zwitschern, Bellen und Fauchen um ihn herum ist so laut, dass Alex kaum sein eigenes Wort versteht. Aber es hört ihm ohnehin niemand zu, egal, wie laut er krächzt.

Wie enttäuschend!, denkt er. *Hat hier denn keiner Lust auf eine angeregte Unterhaltung?*

Alex lässt seinen Blick schweifen.

Er sitzt wieder ganz oben auf der Stange. Die Jungs und Mädels, die unter ihm wohnen, hängen mit ihren Krallen kopfüber am Käfiggitter oder mit dem Schnabel in der Fressschale.

Wie immer!

Wie langweilig!

Und jetzt fängt der Kleine dahinten auch noch an zu pfeifen. So was von schief!

Alex fächert genervt seine silbernen Flügel auf. Wenn er doch einfach abheben könnte.

Nur wohin?

Plötzlich schiebt sich ein Schatten über Alex. Er hört jemanden hinter sich sprechen.

»Vielleicht nehmen Sie einfach diesen da«, sagt der Mann, der den Tieren hier immer frisches Futter und Wasser gibt.

»Sie meinen den großen, der da ganz oben auf der Stange thront?«, fragt eine Frau. Ihre Stimme kennt Alex nicht.

»Genau! Der mit den aschefarbenen Federn.«

Asche? Moment mal! Alex wirft einen irritierten Blick auf seinen weichen silbrigen Bauch, an dem sich die kurzen, halbrunden Federn auffächern wie Schuppen an einem Tannenzapfen. Reden die tatsächlich über ihn?

Doch noch bevor Alex sich empört zu den beiden umdrehen kann, spürt er ein Netz über sich.

Es ist duster in der kleinen Schachtel, in der Alex jetzt schon seit ein paar Stunden kauert. Nur durch wenige kleine Löcher fällt etwas schummriges Licht hinein. Da war es im Papageienkäfig eindeutig angenehmer. Warum hat er sich bloß weggewünscht? Und warum schaukelt es überhaupt so? Lange hält er das nicht mehr aus!

Muss er auch nicht.

Das Schaukeln stoppt abrupt, eine Tür öffnet sich, und Alex spürt, wie er samt Schachtel hochgehoben wird. Die Tür knallt wieder zu und nach einem kurzen Moment dann: ein Rascheln.

Die Schachtel wird geöffnet, und über ihm erscheint das Gesicht einer jungen Frau. Ihre dichten braunen Haare fallen zu ihm herab. Sie sieht freundlich aus. Trotzdem zittert Alex plötzlich am ganzen Körper.

Wer bist du?

Es ist die Frau aus dem Zooladen. Alex erkennt ihre Stimme wieder, als sie sich vorstellt.

»Ich bin Irene«, sagt sie und setzt Alex behutsam in einen neuen Käfig. Der ist groß und bis auf etwas Streu am

Boden und eine Sitzstange ganz oben leer. Kein anderer Vogel weit und breit.

Alex verdrückt sich schnell in die hinterste Ecke. Das Zittern will einfach nicht aufhören!

»Hab keine Angst«, sagt Irene jetzt. Ihre sanfte Stimme beruhigt ihn ein wenig. »Schau, dieses Labor hier ist dein neues Zuhause!«

Alex blickt sich in dem Zimmer um. Viel ist hier nicht gerade los. Ein Klappstuhl, ein Tisch. Dahinter an der Wand ein großes Regal mit vielen Büchern.

Er lauscht angestrengt. Es ist mucksmäuschenstill hier drinnen.

Stiller, als es ihm lieb ist.

Wie soll er sich denn hier die Zeit vertreiben? Und vor allem, mit wem? Alex beobachtet Irene, wie sie auf einem Brettchen rote Trauben, Kirschen und Bananen zerkleinert.

Etwa mit ihr? Alex neigt seinen Kopf und sieht aufmerksam zu, wie Irene nach und nach ein silbernes Schälchen mit den Fruchtstückchen und Körnern füllt. Das sieht schon mal lecker aus!

Vielleicht ist eine nicht gefiederte Freundin gar nicht so übel?

»Ich weiß, dass Graupapageien normalerweise in großen Schwärmen leben«, sagt Irene jetzt zu ihm. Ganz so, als hätte sie ihn denken gehört. »Hier musst du mit mir vorliebnehmen.« Sie sieht ihn für einen Moment unsicher an. »Aber ich habe viel vor mit dir, Alex«, erzählt sie.

Das klingt interessant, findet er und macht ein paar vorsichtige Schritte in seinem Käfig auf Irene zu.

»Gerade weil ihr Vögel in riesigen Gruppen zusammenlebt, müsst ihr euch besonders gut verständigen können.

Sonst funktioniert so ein Schwarm ja nicht!« Sie füllt ein anderes Schälchen mit Wasser.

»Ich bin mir deshalb sicher, dass Vögel ausgeprägte geistige Fähigkeiten haben. Also, dass ihr sehr klug seid.« Sie macht eine Pause.

»Das hat nur bisher noch niemand beweisen können.«

Alex steht jetzt in der offenen Käfigtür. Sein Blick wandert zwischen den Schälchen und Irene hin und her.

»Als Erstes lernst du zu sprechen«, fährt sie fort.

Ach ja? Sprechen wie ein Mensch? Alex wusste nicht, dass das möglich ist.

»Und wenn du sprechen kannst, dann kannst du der Welt zeigen, was alles in deinem Kopf vor sich geht.«

Also im Moment dreht sich darin alles um diese Leckereien da! Alex reckt seinen Hals Richtung Schälchen. Ob er davon mal kosten darf?

»Komm her«, sagt Irene und hält Alex ihre Hand hin.

Der zögert kurz, dann umschließt er mit seinen langen Krallen sanft ihre Finger. So fühlt es sich sicher an!

Irene hebt Alex hoch und setzt ihn vor den Futternapf. »Wir werden hart arbeiten! Aber es wird auch ein großer Spaß«, verspricht sie.

Alex nickt. Dann schnappt er sich schnell ein Stück Banane.

Das Zittern hat aufgehört.

»Mit welchem Wort fangen wir an?«, murmelt Irene. Sie trommelt nachdenklich mit den Fingern auf den Tisch, auf dem Alex gerade entlangstolziert. Vorbei an einer halb vollen Kaffeetasse, Stiften und …

Was ist denn das Appetitliches? Eine Plastikbox voller kleiner, rosafarbener Zettel! Alex schnappt sich einen und hat ihn im Nu aufgeknabbert. Herrlich matschig! Er spuckt ein paar aufgequollene Reste aus und zieht mit seinem Schnabel sofort einen weiteren Zettel hervor.

Irene guckt ihn verdutzt an. »Du magst also Papier, Alex?«

Was immer es ist, ich liebe es!, denkt er.

»Na, dann haben wir ja unser erstes Wort!«

»Ah-ier«, krächzt Alex angestrengt mit blecherner Stimme. Sprechen wie ein Mensch ist gar nicht so einfach, stellt er angestrengt fest!

Irene und er wiederholen dieses Spiel nun schon seit ein paar Wochen. »Sag es besser, Alex«, bittet Irene ihn immer wieder. Auch jetzt.

Soll das ein Scherz sein? Alex plustert sich auf! *Wie soll das gehen mit Schnabel und ohne Lippen?,* fragt er sich.

Irene hält einen der rosafarbenen Zettel vor sein Gesicht. »Also, was ist das?«

Okay, konzentrier dich!, denkt Alex und versucht es erneut. »Pah-ier«, schafft er zu sagen.

Doch Irene lässt nicht locker. »Nicht schlecht! Aber noch mal besser, damit dich jeder verstehen kann. Was ist das?«

Alex neigt den Hals nach links. Dann nach rechts. Wie ein Boxer, der sich vor einem Wettkampf locker macht. Schließlich öffnet er wieder den Schnabel und sagt: »Pa-pier!«

Irene klatscht begeistert in die Hände. »Hervorragend, Alex! Hier bekommst du dein Papier!« Sie strahlt und reicht ihm zur Belohnung den Zettel.

Sofort hat Alex ihn zerfetzt! Genüsslich kaut er auf den kleinen Stücken herum. Davon braucht er unbedingt noch mehr.

»Papier!«, kreischt er mit vollem Schnabel.

Hier kann er es aushalten.

Es vergeht nicht mal ein Jahr, da kennt Alex alles beim Namen, was Irene in einer Kiste für ihn aufbewahrt. Ein ganzer Schuhkarton voller Spielzeug! Bunte Klötzchen und Dreiecke, Schlüssel und jede Menge Korken. Alex muss an den Käfig in der Zoohandlung denken. Dort hat immer derselbe öde Strang angeknabberter Holzperlen in einer Ecke gebaumelt. Das hier hingegen ist ein wahrer Schatz! Sein Schatz! Der silberne Schlüssel zum Beispiel macht so hübsche klirrende Geräusche, wenn Alex mit seinem Schnabel dagegenstupst. Und die Korken erst! Die zerbröseln so herrlich unter seiner Zunge.

Der kleine Fetzen, der sich beim Kauen so zäh anfühlt, heißt Leder. Das weiß Alex jetzt, denn Irene hat ihm beigebracht, aus welchen Materialien seine Spielsachen sind. Aus Holz sind die kleinen Klötze, die Alex mit seinem starken Schnabel gerne klein hackt. Außer, sie sind aus hartem Ahornholz. Die sind schwieriger zu zerstückeln. Und das weiche Wuschelige? Das ist Wolle! Das Wort kann er sich gut merken.

Alex kennt auch schon Farben und Formen. Rot, Grün, Blau! Dreiecke! Vierecke!

Je mehr er lernt, desto abwechslungsreicher werden ihre Spiele und umso mehr Spaß machen sie ihm. Auch wenn einige von Irenes Spielen ganz schön schwierig sind.

Manchmal braucht er Wochen, bis er die Spielregeln versteht. Aber egal!

Dadurch wird ihm wenigstens nie langweilig. Und das Beste ist: Irene spielt immer mit! Sie denkt sich ständig was Neues für die beiden aus.

Am allerliebsten mag er es, wenn Irene ihm Fragen stellt. Knifflige Fragen! Dafür greift sie jeden Tag aufs Neue in die Kiste und hält Alex dann ein Tablett hin, auf das sie allerlei unterschiedliches Zeugs gelegt hat.

»Was ist rot?«, fragt sie ihn dann zum Beispiel.

Ein schneller Blick genügt Alex. »Wolle«, antwortet er.

Irene nickt. »Wie viele Dreiecke sind grün?«

Alex hält sein Köpfchen schief. Er sieht Vierecke, Dreiecke, Kreise … in allen Farben. Aber nur zwei Dreiecke sind grün. »Zwei«, antwortet er richtig, und Irene freut sich.

»Welches Material ist grün und hat vier Ecken?«

Das weiß ich auch, denkt Alex aufgeregt. Könnte er sich wie ein Kind in der Schule melden, würde er dabei bestimmt noch hektisch mit den Fingern schnipsen. Er ist sich ganz sicher: »Holz!«

Wieder richtig!

Alex tanzt zufrieden von einem Bein aufs andere. Richtig bedeutet, er hat sich eine Belohnung verdient. Das grüne Viereck aus Holz! Jetzt darf er endlich daran knabbern! Während er also auf dem Tisch sitzt, mit dem Spielzeug fest zwischen seinen Krallen, macht sich Irene wie immer Notizen auf einem Klemmbrett.

»Mein Gott, Alex«, sagt sie und schüttelt staunend den Kopf.

»Kein einziger Fehler! Das glaubt mir doch niemand, dass ein Vogel das alles lernen kann!«

Ganz selten nimmt Irene Alex mit zu sich nach Hause. »Tapetenwechsel«, sagt sie dazu. In ihrem kleinen Wohnzimmer sitzt Alex am liebsten auf dem großen Sofa und schaut nach draußen. Er sieht stachelige Kakteen und riesige Berge, die in der Ferne am Himmel kratzen. Aber einmal erblickt er vor dem Fenster einen riesigen Vogel mit riesigen Augen. Was für ein Schreck!

Seitdem ist ihm Irenes Zuhause nicht mehr geheuer. Nee, nee, da bleibt er besser im Labor. Auch die Nächte verbringt Alex lieber dort. Sicher schlafend in seinem Käfig. Und jeden Morgen kommt Irene wieder. Auf sie ist Verlass!

Ihre schnellen Schritte hallen auch heute schon früh den Flur entlang.

Alex begrüßt sie pfeifend durch die noch geschlossene Tür hindurch. »Komm her«, ruft er ihr entgegen. Vielleicht hat sie wieder eine neue Spielidee? Alex liebt Herausforderungen.

Aber diesmal will Irene nur Altbekanntes spielen. Dieselben Holzklötzchen. Dieselben Fragen. Wie uninteressant! Alex dreht ihr gelangweilt seinen Rücken zu.

»Ach, Alex, sei brav«, stöhnt Irene. »Wir wollen doch beweisen, wie schlau du bist. Da reicht es nicht, wenn du die Fragen ein Mal richtig beantwortest. Wir müssen diese Übung ganz oft wiederholen.«

Ohne mich, denkt Alex. Schon hat er mit seinem kräftigen Schnabel nach dem Tablett gegriffen, auf dem die Klötzchen liegen. Zack, reißt er es zu Boden.

»Will zurück«, protestiert er.

Irene seufzt. »Na gut, Alex«, sagt sie und öffnet ihm den Käfig.

Alex klettert schnell hinein, setzt sich auf die oberste Stange und fängt an sich zu putzen. Irene soll auf keinen Fall auf die Idee kommen, ihn noch mal zu stören.

Aber Irene hat längst begriffen. »Wenn du nicht spielen willst, hören wir auf«, sagt sie. »Du bist der Boss!«

»Tadaaa«, ruft Irene an einem verregneten Morgen. »Heute habe ich was Neues für dich!«

Sie hält Alex breit grinsend einen Teller vor den Schnabel. Darauf liegt eine rote, runde Frucht. Der süßliche Duft steigt Alex direkt in die Nasenlöcher. *Das riecht aber lecker!*

»Probier mal«, fordert Irene ihn auf. Das lässt sich Alex nicht zweimal sagen. Sofort beißt er ein saftiges Stück davon ab. *Ein Traum!*

»Banirsche«, ruft Alex begeistert und plustert seine Federn auf. Davon braucht er unbedingt mehr. »Will Banirsche«, krächzt er.

Irene muss laut lachen! »Banirsche? Was soll das sein, Alex?« Sie schüttelt den Kopf. »Das hier heißt Apfel«, erklärt sie.

Wieso Apfel?, denkt Alex. »Banirsche«, beharrt er und guckt Irene tief in die Augen.

Aber die korrigiert ihn schon wieder. »Ap-fel«, sagt sie betont langsam.

Könnte Alex genervt mit den Augen rollen, jetzt würde er es tun. Warum ist Irene denn so begriffsstutzig?

Alex öffnet den Schnabel und macht es Irene nach: »Banir-sche!« *Das ist doch klar!,* denkt er. Süß wie eine Banane und rot wie eine Kirsche.

Irene guckt ihn erstaunt an. »Ban-irsche«, wiederholt sie nachdenklich.

Genau, denkt er erleichtert. Endlich scheint es bei ihr Klick zu machen! »Banirsche«, ruft er freudig.

»Ich glaube, du hast gerade ein neues Wort erfunden«, sagt Irene stolz. »Das ist beeindruckend, Alex!«

Irene nimmt einen Bissen vom Apfel. »Diese Banirsche schmeckt hervorragend«, sagt sie mit vollem Mund und reicht Alex den Rest. »Iss davon so viel du willst.«

Worauf du dich verlassen kannst!

Es ist ein Tag wie viele andere auch. Alex sitzt auf dem Tisch, Irene davor, und es gibt wieder etwas zu spielen. Nur diesmal macht Alex einen Fehler nach dem anderen.

»Blau«, ruft er, als Irene ihm einen Rest Wolle zeigt.

»Huch, Alex?« Irene schüttelt den Kopf. »Das kannst du besser. Noch mal! Welche Farbe hat die Wolle?«

»Grün«, sagt er blitzschnell.

Irene runzelt verwundert die Stirn. »Alex, was ist los? Das ist falsch. Guck genau hin«, fordert sie ihn auf.

Scheinbar hoch konzentriert, starrt Alex mit seinen kleinen schwarzen Augen das Wollstückchen an, das Irene ihm vor den Schnabel hält. »Purpur«, ruft er dann.

Jetzt kratzt sich Irene mit ihrem Stift irritiert hinter dem Ohr. »Geht es dir nicht gut?«

Mir geht es bestens, denkt Alex. Fast tut sie ihm leid. Denn natürlich weiß er, dass das Wollstückchen in Wirklichkeit rot ist. So kräftig leuchtend wie seine eigenen Schwanzfedern! Aber er kann einfach noch nicht mit der Wahrheit herausrücken.

Irene sieht so lustig aus, wie sie ihn aus großen Augen anstarrt.

»O-ho-range«, flötet er stattdessen.

Doch jetzt verschränkt Irene die Arme vor der Brust. Dabei drückt sie ihr Klemmbrett fest an sich. Bisher hat sie darauf kein einziges Häkchen machen können.

»Jetzt hast du alle Farben bis auf die richtige genannt«, stellt sie fest.

Ob sie etwas ahnt?

»Kann es sein, mein Lieber, dass du mich auf den Arm nehmen willst?«

Ertappt! Alex wippt mit seinem Körper auf und ab. Was für ein Spaß! Er ist bereit, sie zu erlösen, und krächzt laut: »Rot!«

Irene lacht erleichtert, und Alex flattert auf ihre Schulter.

»Du kitzeln«, verlangt er, und Irene krault Alex am weichen Hals.

Auf eines ist Alex ganz besonders stolz: sein Nest! Es ist ein Pappkarton, der oben auf dem Käfig thront. Alex hat extra Löcher hinein geknabbert. So hat er Fenster, aus denen er gucken, und eine Tür, durch die er schreiten kann. Fast jeden Abend sitzt er in seinen eigenen vier Wänden und pfeift, flötet und quasselt vor sich hin. So auch heute.

»Kor-ken, Schlü-el …« Moment, korrigiert sich Alex. Das kann er besser. »Schlüs-sel!« Zufrieden mit sich, plustert er die Federn auf. Er lässt jetzt alles raus, was ihm in den Sinn kommt. Das ist mittlerweile eine Menge.

»Banane!«

»Will Nuss«

»Tut mir leid!«

»Sei brav!«

»Grün!«

»Ich liebe dich.«

»Komm her!«

Alex rattert drauflos, bis ihm kaum noch Wörter einfallen, die er üben könnte.

Erst, als er den Metallstuhl über den Boden quietschen hört, hält er inne.

Alex schielt mit einem Auge durch ein schmales Fenster im Karton. Irene ist vom Tisch aufgestanden. Er beobachtet, wie sie sich den Nacken reibt. Sie ist blass.

»Wie fleißig du immer bist, Alex«, sagt sie und gähnt. »Aber jetzt ist Zeit zu schlafen.«

Irene steckt einen Papierstapel, dick wie ein Ziegelstein, in ihre Tasche. Wichtiges Zeug, das weiß Alex. Denn sie lässt ihn nicht daran knabbern. Es ist auch nicht der erste Stapel, der in ihrer Tasche verschwindet.

»Ich habe wieder mal aufgeschrieben, was du alles kannst und noch dazugelernt hast«, erklärt sie müde. »Jemand muss deine Leistung irgendwann mal anerkennen.«

Alex versteht nicht, warum das so wichtig ist. Hauptsache, sie haben Spaß, oder?

Aber Irene nimmt die Sache offenbar sehr ernst. Sie öffnet die Käfigtür, und schon flattert Alex aus seinem Pappnest ein Stockwerk tiefer. Er klettert auf seinen Schlafplatz, die oberste Stange im Käfig.

»Ich werde das morgen gleich zur Post bringen«, sagt sie und klopft mit der flachen Hand auf ihre Tasche. »Jetzt aber gute Nacht, Alex.«

»Bist du morgen da?«, fragt Alex schnell, bevor sie geht.

»Ja, ich bin da.«

Gut, denkt er, und macht zufrieden die Augen zu.

Saftige Traubenstückchen und knackige Banirsche. Köstlich! Alex kaut gerade auf einem Snack herum, als er ein paar Tage später Irene den Flur entlangstampfen hört. Ihre Schritte klingen unentspannt, bemerkt er. Schnell putzt er sich an einem Stück Papier den Schnabel sauber, da reißt Irene auch schon die Tür auf und stürmt ins Zimmer.

Was ist denn in sie gefahren?

»Beruhige dich«, sagt Alex sofort.

Irene erstarrt. »Sag mir nicht, dass ich mich beruhigen soll!«

Huch, da ist aber jemand sauer! Alex legt vor Schreck seine Federn ganz eng an.

Doch Irene wirkt schon gar nicht mehr so bedrohlich, sondern einfach nur erschöpft. Sie lässt sich auf den Sitz des Klappstuhls fallen und sagt eine Weile gar nichts mehr. Schließlich hält sie einen Brief in die Höhe.

»Uninteressant«, sagt Irene. »Das Institut, das uns Geld für unsere Forschung geben soll, findet unsere Arbeit doch tatsächlich uninteressant.« Sie seufzt laut. »Dabei haben wir uns so angestrengt!«

Irene lässt die Schultern hängen, dann verbirgt sie ihr Gesicht in den Händen.

Forschung? Alex weiß nicht, was das bedeutet. Aber er spürt, dass Irene traurig ist. Er hält sein Köpfchen schief, und sein Blick ruht auf Irenes bebendem Rücken. Weint sie etwa? Alex überlegt, was er sagen könnte, um sie zu trösten. Dann fällt es ihm ein: am besten gar nichts! Er liebt Worte, klar. Aber es gibt Momente, da ist es besser, den Schnabel zu halten.

Und so bleibt er stumm auf dem Tisch neben Irene sitzen, bis sie ihren Rücken nach einer kurzen Weile wieder strafft.

»Weißt du, was sie mir ge-schrieben haben?« Ohne eine Antwort abzuwarten, springt Irene auf. Jetzt ist sie wieder voller Taten-drang! »Die meinen, dass ich dich dressiert habe, wie ein Tier, das durch einen Rei-fen springt.« Sie schüttelt ent-rüstet den Kopf. »Sie be-haupten tatsächlich,

du ahmst mich bloß nach und denkst gar nicht selbstständig! Sie glauben, du verstehst nicht, was du da sagst.«

Aber er denkt doch ständig selbst! Da – schon wieder! Alex hat Nüsse und Papier und noch mehr Banirsche im Kopf. Bei dem Gedanken an was zu knabbern spürt er sogar seinen Bauch schon wieder grummeln!

Doch Irene denkt nicht ans Füttern. Grübelnd geht sie im Labor auf und ab.

»Um die anderen Wissenschaftlerinnen und Wissenschaftler von deiner Intelligenz zu überzeugen, muss ich dir etwas beibringen, das richtig schwierig ist!«

Das klingt wie ein spannender Plan, findet Alex. Auch er marschiert jetzt hin und her. Auf dem Tisch. So wandern sie eine Weile gemeinsam durch den Raum, bis Irene stehen bleibt.

»Und ich habe auch schon eine Idee!« Sie dreht sich zu ihm um. »Wie gut bist du eigentlich in Mathe?«

Ein halbes Jahr vergeht. Dann ist er da, der große Tag, von dem Irene nun schon so lange spricht. Da ist sich Alex ganz sicher, als er sich umschaut. So aufgeräumt hat er das hier ja noch nie gesehen! Die umgefallenen Bücher im Regal sind ordentlich aufgereiht, die alten Kaffeetassen weggeräumt und der Papierstapel auf dem Tisch in einer Schublade verschwunden. »Alles muss tipptopp aussehen«, ruft Irene aufgeregt, während sie im Labor herumwirbelt. »Wir erwarten wichtigen Besuch!«

Eilig zieht Alex seine Federn durch den Schnabel. Er will ja schließlich auch sauber sein, wenn sie Gäste kriegen!

Nur wenige Augenblicke später drängt sich bereits eine Handvoll Menschen ins Labor und blickt sich um. *So viele Leute auf einen Haufen habe ich ja noch nie gesehen!* Alex schaut neugierig in die fremden Gesichter. »Das sind Studenten von der Universität«, flüstert Irene Alex zu.

Unauffällig zeigt sie auf einen Mann mit grauem Bart. »Das da ist ein bekannter Tierforscher, und die drei dort sind von der Zeitung und vom Fernsehen!«

Alex rutscht auf seiner hölzernen Sitzstange aufgeregt hin und her. Sind die alle wirklich wegen ihm gekommen? Na, dann schaut mal her! Er fächert seine eindrucksvollen Flügel weit auf. Damit hätte er locker den bärtigen Mann umarmen können. »Mist«, hört er jemanden murmeln, als er seine Federn wieder anlegt. »Die Kamera war noch nicht an.«

»Keine Sorge«, sagt Irene zu dem Mann mit dem großen schwarzen Gerät auf der Schulter. »Alex wird gleich noch etwas viel Beeindruckenderes demonstrieren als nur sein schönes Federkleid!«

Alex legt sein Köpfchen schief. Ob Irene das Spiel mit der Tasse und den Nüssen meint? Das, was sie so oft geübt haben in letzter Zeit?

Wie lecker! Ich bin bereit!

Auf dem aufgeräumten Tisch, auf dem Alex so gerne seine Runden dreht, steht jetzt seine Spielzeugkiste. Neugierig stecken die Studenten ihre Köpfe darüber zusammen. Über die Korken, die Schlüssel, die Holzklötzchen ... *Finger weg*, denkt Alex, *alles meins*, und lässt die Menschen nicht aus den Augen. Man kann ja nie wissen!

Währenddessen redet Irene wie ein Wasserfall. Sie erzählt von ihren Spielen und den vielen Aufgaben, die Alex schon gelöst hat.

»Wie Sie wissen«, erläutert sie gerade, »haben unter den Tieren bisher nur Menschenaffen beweisen können, dass sie fähig sind, zwischen ›gleich‹ und ›verschieden‹ zu unterscheiden.« Irene greift zwei Schlüssel aus Alex' Kiste und legt sie auf ein Tablett. Einen grünen und einen roten. »Menschenaffen könnten uns bedeuten, dass diese Schlüssel verschieden sind«, erklärt sie, und der Forscher mit dem grauen Bart nickt. »Alex ...,« Irene holt tief Luft, als wolle sie eine Portion Mut einatmen, »Alex kann sogar sagen, *was* der Unterschied ist.«

Ein paar der Studenten tuscheln ungläubig.

Sie hält das Tablett mit den Schlüsseln Alex unter den Schnabel. Keine Nüsse weit und breit, stellt der enttäuscht fest. »Alex«, fragt ihn Irene, »was ist verschieden?«

Ach so, dieses Spiel ist jetzt dran! »Farbe«, sagt Alex sofort. Schließlich will er möglichst schnell mit dem Nuss-Spiel beginnen. Seine Antwort ist richtig! Irene guckt stolz in die Gruppe. »Passen Sie auf«, sagt sie zu den Besuchern und wendet sich dann wieder an Alex. »Was ist gleich?« Noch eine Runde? Na gut! »Material«, sagt Alex wieder ohne zu zögern.

Es ist ganz still jetzt im Labor. Alex spürt, wie ihn alle interessiert angucken. Das ist für ihn zwar ungewohnt, aber die Aufmerksamkeit genießt er trotzdem.

»Wir haben das monatelang getestet«, fährt Irene fort. »Seine Trefferquote ist beeindruckend …«

Doch in diesem Moment fällt ihr jemand ins Wort.

Es ist der Mann mit dem grauen Bart. Er zeigt mit dem Finger auf Alex. »Wie können Sie bei all ihren Tests so sicher sein, dass er Ihnen nicht einfach nur nachplappert?«, grummelt der Tierforscher und blickt Irene streng an. »Das ist es, was Papageien im Allgemeinen so tun.«

Irgendjemand kichert zustimmend, und der Mann lässt den Arm wieder sinken. Alex würde ihm gerne in den Finger beißen. Wieso ist der so unfreundlich?

Irene räuspert sich. Ist sie nervös? Wenn ja, lässt sie es sich nicht anmerken, findet Alex. Soll er auf ihre Schulter flattern, um ganz dicht bei ihr zu sein?

»Alex weiß nie vorher, was er gefragt wird«, erklärt Irene da schon mit Nachdruck. »Er kann die Antworten also nicht auswendig lernen!« Als niemand etwas erwidert, fährt Irene fort: »Wir werden Ihnen jetzt noch eine Aufgabe zeigen, damit Sie verstehen, zu was ein Vogelhirn in der Lage ist.«

Jetzt kommt bestimmt die Aufgabe mit den Tassen, freut sich Alex. Er kann es kaum erwarten. Schließlich sind Nüsse mit im Spiel!

»Dieser Graupapagei hier«, sagt Irene und hält einen Moment inne, bevor sie weiterspricht, »kann rechnen!«

Vor Alex stehen jetzt zwei umgedrehte Tassen.

Irene hat zuvor den Mann mit dem Bart gebeten, unter jeden der Becher ein paar Nüsse zu legen.

»Sind wir denn hier im Zirkus«, hat der mürrisch gebrummt, es dann aber doch getan. Wie viele Nüsse es sind, das durfte Alex vorab nicht sehen.

Jetzt hebt Irene die erste Tasse an. »Schau mal, Alex!«

Darunter liegen zwei Nüsse. Zwei knackige Walnüsse um genau zu sein! Alex freut sich schon jetzt auf seine Belohnung. Dann stellt Irene die Tasse wieder über die Nüsse. Sie wiederholt das Ganze mit der zweiten Tasse. Unter der liegen drei Nüsse.

Als sie die Nüsse wieder verbirgt, fragt Irene Alex: »Wie viele Nüsse insgesamt?«

Alex blickt in die Menge. Wieder sind alle Augen auf ihn gerichtet. Jetzt bloß nix Falsches sagen!

Alex macht sich kerzengerade und neigt nur den Kopf hinab zu den Tassen. *Einmal zwei Nüsse und einmal drei,* denkt er. Macht? *Na, das ist doch klar!*

»Fünf!«, kräht er laut.

Im Raum regt sich niemand. Hat er sich verrechnet? *Unmöglich*, denkt Alex. Er doch nicht!

»Wow«, platzt es da dem Kameramann heraus.

Auch die anderen beginnen, anerkennend vor sich hin zu murmeln.

Dann hat er die Aufgabe also doch richtig gelöst! Alex sieht, wie sogar der bärtige Mann sich verwundert am Kinn kratzt. Und Irene? Die zwinkert ihm zu. Offenbar hat sie Spaß, denn sie spielt das Tassen-Nuss-Spiel noch ein paar Mal mit ihm. Und Alex hat einen Lauf! Jedes Mal errechnet er das richtige Ergebnis.

Schließlich räuspert sich der Tierforscher. *Will der etwa wieder meckern?*, ärgert sich Alex.

Doch diesmal klingt der Alte weniger säuerlich, als er sich an Irene wendet. »Ihr Vogel versteht also nicht nur, was ›gleich‹ und ›verschieden‹ bedeutet«, stellt er fest. »Er kann außerdem addieren?!« Der Mann überlegt kurz. Er scheint sich zu wundern, denn er blickt Irene jetzt aus großen Augen an. »Das würde ja bedeuten, dass Alex mindestens so schlau ist wie ein fünfjähriges Kind!«

Das nenne ich ein Kompliment, freut sich Alex. Auch Irene scheint zufrieden. »Das ist richtig!« Sie nickt dem Mann triumphierend zu. Ein überraschtes »Oh« ist alles, was ihm dazu noch einfällt.

»Alex ist zwar ein Papagei«, erläutert Irene jetzt für alle,

»trotzdem kann er manche Aufgaben so lösen wie ein Mensch.
Und das, obwohl sein Hirn nur
so groß ist wie diese Walnuss!«

Apropos Walnuss, fällt Alex ein. »Will
Nuss«, ruft er. Die hat er sich nun echt verdient!

Irene lacht. »So viele du willst!«

Am nächsten Tag sind die Zeitungen voll mit Fotos und
Texten über Alex. Irene ist mit einem dicken Stapel unter
dem Arm ins Zimmer gesaust, und Alex ist ganz aufgeregt. So viel leckeres Papier! Aber Irene hat es nicht zum
Knabbern mitgebracht.

Sie hält eine Zeitung mit beiden Händen in die Höhe.
Wie einen Pokal. Die Seiten rascheln.

»Sie nennen dich ›Der Einstein-Vogel‹. Ist das nicht der
Wahnsinn?!«

Einstein? Muss man den kennen? Alex hat keine Ah-
nung, wer das ist. Aber Irene tanzt jetzt durch das Zimmer, und deshalb ist der Vergleich wohl in Ordnung.

»Die Bezeichnung Spatzenhirn ist normalerweise kein
Kompliment«, liest Irene etwas außer Puste vor. »Aber

dieser Graupapagei stellt unsere bisherige Vorstellung von der Intelligenz von Vögeln auf den Kopf!« Irene lässt die Zeitung sinken.

»Jetzt haben sie endlich begriffen, wie schlau du bist, Alex!«

Auf Irenes schwarzem Computerbildschirm pulsiert schwach ein gelbes Licht. Sie drückt auf einen Knopf, dann erlischt es ganz. Irene dreht das Radio auf.

Als das erste Gitarrenzupfen erklingt, breitet Alex seine Flügel aus und hebt ein Bein. Es sieht aus, als würde er Irene zum Tanz auffordern. Während er sich auf der Stange sanft im Takt hin und her bewegt, wippt Irene unter dem Schreibtisch mit ihrem Fuß. Sie grinst ihn an.

»Sie spielen unser Lied, Alex«, sagt Irene. Sie haben es schon oft gemeinsam im Labor gehört. »California Dreaming ...«, beginnt Irene leise zu singen.

Wie immer schief, bemerkt Alex. Aber egal! Er mag es, wenn sie für ihn singt. Ihre Stimme zu hören, macht ihn froh.

Das Lied klingt ein bisschen wehmütig. Vier Leute singen über einen kalten Wintertag. Über braune Blätter und den grauen Himmel. Sie träumen davon, lieber woanders zu sein. Im sonnigen Kalifornien.

Ich weiß nicht, denkt Alex.

Hier ist es doch eigentlich ganz schön!

Es ist spät geworden. Irene geht zu Alex, um ihn zum Käfig zu tragen.

»Schulter gehen«, ruft er ihr entgegen, und sie reicht ihm die Hand. Vorsichtig klettert er ihren Arm hinauf. Da oben, nah bei Irenes Gesicht, auf Augenhöhe, sitzt er am liebsten. Alex pickt sanft an Irenes Ohr. *Mein Mensch!*

Was sich Irene wohl morgen wieder für ihn ausdenken wird? Alex neigte sein schlaues Köpfchen zur Seite.

Am besten, es hat was mit Nüssen zu tun.

Oder Papier.

Wenn du wissen willst, was aus Alex geworden ist:

Diese Geschichte endet an einem Abend im September.

Irene hatte Alex wie jeden Abend zu seinem Käfig getragen. Und wie immer verabschiedeten sich die beiden voneinander.

»Sei brav«, krächzte Alex. »Ich liebe dich.«

»Ich liebe dich auch«, antwortete Irene und zog sich ihren Mantel an.

»Bist du morgen da?«, fragte Alex.

»Ja, ich bin morgen da.«

Dann machte Irene das Licht aus, und Alex fielen die Augen zu.

Es waren die letzten Worte, die die beiden miteinander teilen sollten. Alex war einunddreißig Jahre alt, als er in dieser Nacht starb. Es war ein sanfter Tod im Schlaf.

Doch für Irene war es ein großer Schock.

Und nicht nur für sie. Als die Welt ein paar Tage später von Alex' Tod erfuhr, waren die Reaktionen überwältigend. Überall in Amerika, in England oder auch in Australien schrieben und lasen die Menschen über seinen Tod. Viele von ihnen schickten Irene Briefe oder E-Mails. Sie war überrascht, wie viele es waren. Tausende! Sie schrieben, dass sie Alex sehr vermissen würden.

Alex hatte diese Menschen mit seinem Wesen berührt und mit seinem Wissen beeindruckt. Er kannte Farben und Formen und über hundert englische Wörter. Er konnte zählen und addieren. Alles Dinge, die man einem Vogel nie zugetraut hatte.

Bis heute gilt Alex als schlauster Vogel der Welt.

Und das ist die Wahrheit.

Wenn du ganz genau wissen willst, was passiert ist – ein Überblick

Graupapageien stammen aus Afrika. Sie gehören dort zu den Größten ihrer Art und gelten als besonders sprachbegabt.
Als ab **1492** immer mehr Entdeckerschiffe unterwegs waren, gelangten auch immer mehr Papageien aus aller Welt nach Europa. Papageien zu besitzen, galt als Zeichen von Wohlstand und Reichtum.

1978 Ein Jahr, nachdem Irene mit dem Training von Alex begonnen hatte, konnte er bereits sieben Gegenstände korrekt identifizieren, zum Beispiel »Schlüssel«. Er hatte auch angefangen, Farben zu lernen (Grün und Rot) und Formen zu bestimmen.

1981 erschien ein langer Artikel über Alex in der deutschen Fachzeitschrift *Zeitschrift für Tierpsychologie*. Reaktionen darauf fielen spärlich aus. Doch nachdem auch das bekannte Wissenschafts- und Science-Fiction-Magazin *Omni* einen Bericht über Alex veröffentlicht hatte, wurde mehr Presse auf ihn aufmerksam. Zum ersten Mal berichtete auch ein Fernsehsender über Alex.

1976 schlüpfte der Graupapagei Alex. Er gehörte zu den sogenannten Kongo-Graupapageien. Im Englischen werden die auch *African Grey* genannt. Alex stammte nicht aus der Wildnis, sondern wuchs in einer Tierhandlung auf.

Anfang 1977 wollte die siebenundzwanzigjährige Wissenschaftlerin Irene M. Pepperberg die sprachlichen und geistigen Fähigkeiten von Vögeln erforschen. Für ihre Forschung brauchte sie Geld, um zum Beispiel wissenschaftliche Mitarbeitende und Vogelfutter zu bezahlen. Sie stellte einen Antrag auf Forschungsgelder.

Im **Juni 1977** kaufte Irene Pepperberg Alex in der Zoohandlung »Noah's Ark« in Chicago in den USA. Er war dort einer von acht Papageien. Irene wollte es dem Zufall überlassen, mit welchem Vogel sie in Zukunft zusammenarbeiten sollte. Deshalb wählte der Tierhändler Alex für sie aus.

Anfang August 1977 sagte Alex zum ersten Mal das Wort »Papier«. Da Irene Englisch spricht, lernte auch Alex Englisch. Sein erstes Wort lautete also »paper«. Er brauchte rund vier bis fünf Wochen, bis er das Wort richtig aussprechen konnte.

Im **September 1977** wurde Irenes Antrag auf Forschungsgelder abgelehnt. Die Begründung: Man glaubte nicht, dass Vögel zu den Leistungen in der Lage waren, die sich Irene mit Alex vorgenommen hatte.

NEWS
WISSENSCHAFT
DER EINSTEIN VOGEL - ALEX

1985 erfand Alex für das Obst Apfel die Bezeichnung »Banirsche«. Da Alex englische Wörter benutzte, sagte er eigentlich: »banerry«, aus den Wörtern »banana« (Banane) und »cherry« (Kirsche). Möglicherweise war das ein Zeichen dafür, wie kreativ Vogelhirne arbeiten können.

1986 Alex verstand jetzt unter anderem auch, was »gleich« und was »verschieden« bedeutet. Außerdem konnte er die Unterschiede der Gegenstände auch benennen. Das heißt, er konnte korrekt beantworten, ob die Farbe oder beispielsweise die Form anders ist. Über diese Leistung sprach Irene auf einem internationalen Forscher-Kongress in Göttingen, Deutschland. Andere Forscher waren beeindruckt. Darunter ein erfahrener Primatenforscher. Irene nennt diesen Moment den größten Triumph von Alex.

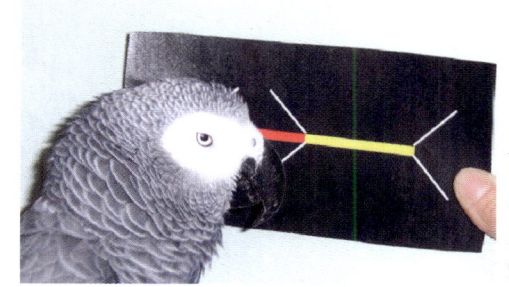
Übung: Erkennt Alex optische Illusionen?

Im **Juni 2004** begann Alex, addieren zu lernen, und kannte sich bis zu seinem Tod in einem Zahlenraum bis 8 aus. Er hatte damit gezeigt, dass er das Intelligenzniveau eines fünfjährigen Kleinkindes besaß. Das ist ein Alter, in dem Kinder beginnen, Konzepte zu verstehen und Probleme zu lösen.

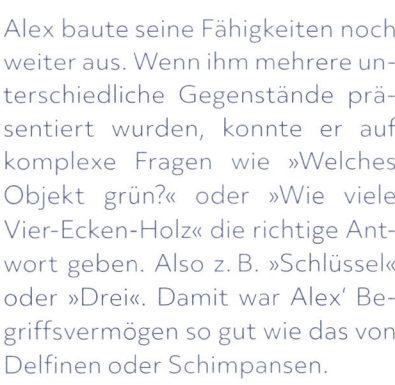

Alex baute seine Fähigkeiten noch weiter aus. Wenn ihm mehrere unterschiedliche Gegenstände präsentiert wurden, konnte er auf komplexe Fragen wie »Welches Objekt grün?« oder »Wie viele Vier-Ecken-Holz« die richtige Antwort geben. Also z. B. »Schlüssel« oder »Drei«. Damit war Alex' Begriffsvermögen so gut wie das von Delfinen oder Schimpansen.

Bis **Oktober 1999** waren bereits viele große amerikanische Fernsehsender und Zeitungen auf Alex' Leistung aufmerksam geworden. Man nannte ihn den »Einstein-Vogel«. In diesem Jahr schrieb die *New York Times* außerdem, dass Alex und Irene sich manchmal stritten wie ein altes Ehepaar. Alex forderte Irene zum Beispiel auf, sich zu beruhigen. Auf Englisch rief er ihr zu: »Calm down.«

Am **6. September 2007** wurde Alex tot in seinem Käfig aufgefunden. Er starb in der Nacht. Als Todesursache werden Probleme mit seinem Herzen vermutet. Alex wurde nur 31 Jahre alt. Papageien können rund 50 bis 80 Jahre alt werden. Am Abend vor seinem Tod verabschiedete sich Alex vor Irene wie jeden Abend mit der Worten: »Sei brav, ich liebe dich.« Auf Englisch sagte er: »You be good. I love you.«

 Irene entwickelte für das Training die sogenannte Model-Rival-Technik weiter, auf Deutsch: Vorbild-Rivale. Die hatte der deutsche Verhaltensbiologe Dietmar Todt erfunden. Alex arbeitete im Laufe der Jahre mit unterschiedlichen Assistenten und Assistentinnen von Irene zusammen. So war gesichert, dass Alex auch mit anderen Menschen als Irene kommunizieren konnte.
Die Forschung von Dr. Irene Pepperberg mit Alex hat die heutige Sicht auf die Intelligenz von Vögeln grundlegend verändert. Ihr Sprachtraining war außergewöhnlich intensiv. Nur die wenigsten Vögel werden so gefördert.

Was die Autorin euch noch sagen möchte:

Ich hatte noch nie von Alex gehört. Bis zu dem Tag, als ich ein Buch des US-amerikanischen Schriftstellers Jonathan Safran Foer las. *Wir sind das Klima* ist ein großartiges Buch über den Klimawandel und die Frage, warum die Erderwärmung uns wirklich alle angeht. In diesem Werk zeigt der Autor, dass wir auf der Welt alle miteinander verbunden sind. Auch mit Alex. Einem Graupapagei, der so schlau war wie ein fünfjähriges Kind. Alex tauchte in diesem Buch nur kurz auf, als ein Beispiel unter vielen. Ich wollte gerne mehr über ihn wissen. Konnte ein Vogel wirklich so intelligent sein?

Also las ich jede Menge Zeitungsartikel und schaute Videos, in denen Alex seine Fähigkeiten bewies. Ich las das Buch über ihn, das Irene M. Pepperberg selbst über ihn geschrieben hatte, und ich sprach mit einer Papageienforscherin. Ich begriff, dass uns Alex durch seine herausragenden Leistungen, die kaum einer für möglich gehalten hatte, gezeigt hat, wie nah sich Mensch und Tier eigentlich sind. So faszinierend!

Dass ich über ihn dieses Buch schreiben konnte, verdanke ich den tollen Leuten bei WooW Books. Ich danke Christiane Fürtges für ihre fröhlichen Bilder – ich liebe es, wie Alex trotz seines Schnabels lächeln kann. Ein herzliches Dankeschön geht auch an die Biologin Anastasia Krasheninnikova, die mir so viel über Papageien erzählt hat. Danke auch dir, Jannis, für dein Netzwerk!

Vor allem danke ich der Frau, die jahrzehntelang mit Alex gearbeitet hat: Irene M. Pepperberg. Ich danke ihr für ihre wegweisende Forschung und ihren wohlwollenden Blick auf dieses Buch. Sie selbst hat über Alex geschrieben, er habe ihr gezeigt, wie schön das Leben ist.

Ich glaube, ich verstehe, was sie meint.

Wenn du noch weiterforschen willst:

Ein anderes Buch über Alex:

Dr. Irene M. Pepperberg: »Alex. Der Papagei, der mir zeigte, wie schön das Leben ist«, mvg Verlag 2017.

Die Alex-Stiftung:

The Alex Foundation fördert die wissenschaftliche Arbeit mit Papageien. Sie wird durch Spenden unterstützt.

Zeitungsartikel über Alex:

Vicky Croke und Boston Globe: »Einstein Bird« in Chicago Tribune, 18. Oktober 1992.

Alex zum Anschauen:

»Entertaining Parrots« in Scientific American Frontiers, Season 12 – Episode 1 – Pet Tech, 16. Oktober 2001.

»Alex the parrot passes away« auf YouTube, Nosy Snoop, 17. September 2007.

Allgemeines Papageienwissen zum Lesen für Kinder:

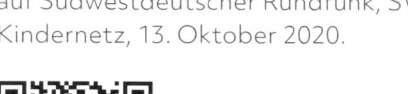

Barbara Kiesewetter: »Graupapagei«
auf Südwestdeutscher Rundfunk, SWR
Kindernetz, 13. Oktober 2020.

Jens Schröder: »Können Tiere denken«
auf Geolino, Tierwelt.

Allgemeines Papageienwissen zum Anschauen für Kinder:

»Graupapagei« in »Anna, Pia und die Haustiere« auf KIKA,
Bayerischer Rundfunk, 16. April 2017.

Wer hinter diesem Buch steckt:

Jessica Liedtke, Jahrgang 1978, hat in Hamburg Nordamerikanische Literatur und in New York City Medienkultur studiert. Heute arbeitet sie als Radio-Journalistin für die ARD. Wenn sie nicht gerade hinter dem Mikrofon steht, schreibt sie gerne spannende Geschichten für Kinder. Jessica Liedtke ist verheiratet, hat eine Tochter und zwei freche Katzen.

Christiane Fürtges wohnt und arbeitet als freiberufliche Illustratorin und Zeichnerin in Mülheim an der Ruhr. In ihrem Atelier unterm Dach erschafft sie mit Liebe und Leidenschaft wundersame Charaktere, charismatische Tiere und farbenfrohe Natur.

Lerne SIMON kennen, einen weiteren TIERISCHEN HELDEN!

Ende 1947 wird auf einer Insel in Hafennähe ein Kater geboren. Sein Name ist Simon, und seine Lebensgeschichte macht große Schlagzeilen! Für seine Verdienste an Bord eines Schiffes wird er sogar mit der *Dickin Medal* ausgezeichnet, der höchsten britischen Ehrung für Tiere.

Jessica Liedtke

Illustriert von Ulrike König

Tierische Helden
Nach WAHREN Geschichten!

Wie Kater SIMON
zum Matrosen wurde

Jessica Liedtke
Tierische Helden. Wie Kater Simon zum Matroser wurde
Illustriert von Ulrike König
Gebunden | 56 Seiten
€ 14,00 [D] | € 14,40 [A]
978-03967-024-6